OSTENTATIEF

Bloemschikken met Daniël Ost

Hartelijk dank aan de firma Van Remoortel
die de Daniël Ost Bloemenschool vanaf de oprichting steunt.
Dit boek is de bekroning van de vele, dagelijkse inspanningen die mijn team levert.
Dank aan Marja en Michiko.
Dank aan Rudi die mij aanzette tot deze nieuwe uitdaging.

Deze uitgave kwam tot stand in co-editie met Uitgeverij Terra, Warnsveld

Tekst: Jean-Pierre Gabriel
Foto's: Robert Dewilde & Frank Michta (pag. 92-96 Jean-Pierre Gabriel)
Vertaling: Vertaalbureau RAM
Vormgeving: Aplanos - Marc Dausimont
Concept layout: Inge Van Damme
Impuls: Rudi De Kerpel
ISBN 90 209 3357 4 (Vlaanderen)
ISBN 90 6255 792 9 (Nederland)
D/1998/45/145
NUGI 411 - SBO 19

OSTENTATIEF

Bloemschikken met Daniël Ost

TEKST
JEAN-PIERRE GABRIEL

FOTO'S
ROBERT DEWILDE
FRANK MICHTA

lannoo | TERRA

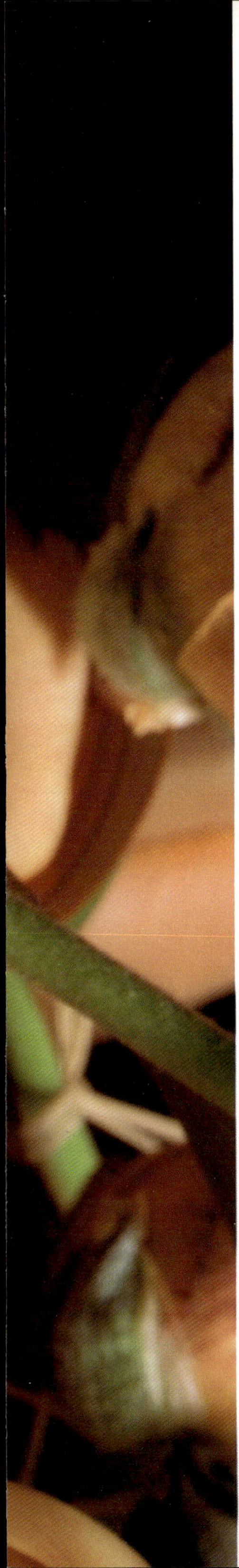

INHOUDSTAFEL

| Daniël Ost |

In mijn tweede boek 'Bladeren in Bloemen 2' staat een bloemstuk afgebeeld met een originele houder: het bekende vergiet *Max le Chinois*, ontworpen door Philippe Starck voor Alessi. In plaats van deegwaren bevat het vergiet stukken hout zonder schors en een tiental *Fritillaria meleagris* of kievitsbloemen, heerlijke voorjaarsbloeiers in al hun pracht.

Enkele dagen na de verschijning van deze foto kwamen meerdere mensen naar de winkel met zo'n vergiet onder de arm. Ze waagden er zich niet aan om het bloemstuk na te maken en vroegen me of ik het voor hen opnieuw kon creëren.

Het is aan deze personen dat ik dit boek opdraag, aan allen die interesse hebben in de creatieve benadering van bloemen en planten, en die hunkeren naar meer uitleg en inzicht in deze vorm van florale expressie.

Tijdens demonstraties of cursussen bloemschikken vragen deelnemers vaak hoe een bepaalde creatie precies in elkaar steekt. Ik geef daar telkens heel uitvoerig antwoord op. In dit boek nemen de stap-voor-stap foto's met uitleg die taak over.

Wie over de nodige materialen en wat gereedschap beschikt, kan zich laten inspireren door het werk van professionelen om zijn favoriete bloemstukken te creëren.

Een laatste raad aan de lezer: beperk u niet tot het kopiëren van de bloemstukken die worden voorgesteld. Gebruik de uitleg eerder als een leidraad om zelf, volgens uw eigen persoonlijkheid, nieuwe bloemstukken te ontwerpen.

Daniël Ost

EEN VROEGE BELOFTE

Met een boeket haal je een stukje natuur in huis.
Is er een mooier geschenk aan het einde van de winter dan een mand vol bloemen?

AFMETING
30 x 30 x 20 cm

IDEAAL TIJDSTIP
LATE WINTER

MOEILIJKHEIDSGRAAD
EENVOUDIG

1 BEKLEED DE BODEM EN DE WAND VAN DE KORF met plasticfolie. Maak de folie ter hoogte van de rand met dun ijzerdraad vast. Er zijn vooraf klaargemaakte manden in de handel verkrijgbaar.

2 LAAT EEN BLOK GROEN STEEKSCHUIM voldoende water opnemen en leg het op de bodem van de mand. Bedek het steekschuim met hooi. Kneed de florapack rondom het steekschuim, maar laat voldoende ruimte in het midden voor het nest.

3 VOUW DRIE STUKJES BLOEMDRAAD van 20 cm dubbel en prik ze door de bodem van het nest, van binnen naar buiten. Wind beide uiteinden om elkaar zodat ze een steker vormen.
Prik het ijzerdraad in het steekschuim (zonder de plasticfolie te beschadigen!). Dit bevestigt het nest stabiel in het bloemstuk.

4 KNIP TAKJES BUXUS van 12 à 15 cm en stop ze dicht bijeen in de florapack. Laat echter voldoende ruimte over om de broze bloemstengels ertussen te stoppen.

5 NEEM HET HOOI SAMEN IN EEN ROL van ongeveer 85 cm lang en 4 à 5 cm dik en bind het hooi vast met wikkeldraad. Bevestig de rol op de rand van de mand.

6 VERWIJDER DE BLADEREN VAN DE BLOEMSTENGELS, tot op 5 à 10 cm onder de bloemknoppen. Snijd de bloemstengels schuin af en steek de bloemen tussen de buxus. De stengels steken in de florapack en in het gewone steekschuim en hun bloemhoofden komen net boven de buxus uit.

7 SCHIK DE KWARTELEIEREN IN HET NEST. Stukjes eierschaal tussen de bloemen werken het bloemstuk af...

MATERIAAL

- *40 à 50 kleine takjes Buxus sempervirens (buksboom)*
- *3 Centaurea cyanus (korenbloem)*
- *3 à 4 Dianthus barbatus (duizendschoon)*
- *3 Fritillaria michailovskyi (kievitsbloem)*
- *4 à 5 Lathyrus odoratus (pronkerwt)*
- *3 Tanacetum parthenium*
- *4 à 5 Muscari botryoides (blauwe druifjes)*
- *4 Papaver nudicaule (IJslandse papaver)*
- *5 Ranunculus asiaticus (tuinranonkel)*
- *1 tak Viburnum opulus (Gelderse roos)*
- *hooi*
- *1 kant-en-klaar nest*
- *3 à 4 kwarteleieren*
- *1 witte eierschaal*
- *groene bloemistentape*
- *bloemdraad*
- *wikkeldraad*
- *3 à 4 dl florapack*
- *1 mand met een doorsnede van 25 à 30 cm*
- *plasticfolie*

HANDIGE TIP

Er zijn in de handel kant-en-klare vogelnestjes te verkrijgen. Deze zijn mooi afgewerkt en voorkomen dat u de vogels van hun nest berooft. Handige vingers knutselen met fijne twijgjes en een lijmpistool zelf zo'n nestje in elkaar.

BELANGRIJK

Het geheim van dit bloemstuk ligt vooral in de kleurschakering.
Kies bij voorkeur geen felle kleuren, of kleuren die moeilijk combineren.
Roze en oranje tinten, bijvoorbeeld, zijn hier niet aan te raden.

EEN NEST VOL KATJES

De natuur herleeft! Bloeiende wilgen luiden de lente in.
Deze compositie met veren lijkt op een vogelnest gebouwd met plukvers materiaal.

AFMETING
25 x 60 x 60 cm

IDEAAL TIJDSTIP
EIND WINTER - LENTE

MOEILIJKHEIDSGRAAD
VEREIST ERVARING

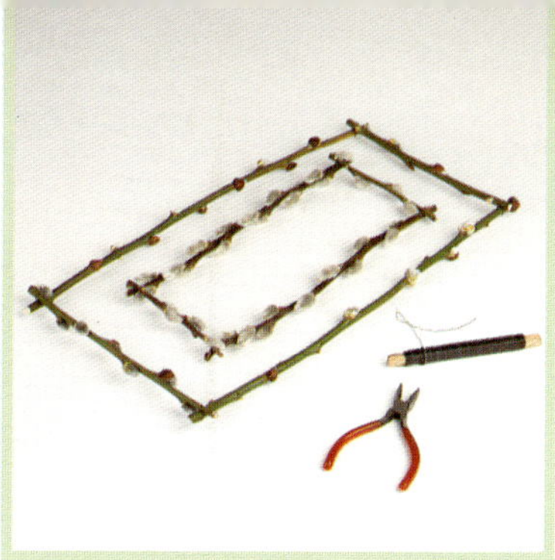

M A T E R I A A L

10 takken Prunus triloba
8 Ranunculus asiaticus (tuinranonkel)
20 takken Salix viminalis
(bloeiende katwilg)
Plagiothermum undulatum (mos)
30 donzige veertjes
hooi
wikkeldraad
koudlijm
1 cilindervormige vaas (met vierkante opening) in wit porselein (30 cm hoog)

1 MAAK TWEE RECHTHOEKEN met behulp van wilgentakken en wikkeldraad. De kleinste rechthoek meet 40 x 20 cm, de grootste meet 60 x 30 cm. Beide rechthoeken vormen de horizontale steun van het bloemstuk.

BELANGRIJK

"**De juiste afmeting van de twee rechthoeken die de basis vormen van de opbouw garandeert een geslaagd eindresultaat.**"

2 OM UITEINDELIJK EEN OMGEKEERDE PIRAMIDE TE VERKRIJGEN, hangt u de twee rechthoeken boven elkaar, de kleinste onderaan. Verbind beide rechthoeken met behulp van wilgentakken en wikkeldraad ter hoogte van de hoeken. Werk het frame met nog enkele takken af, zodat één of twee extra rechthoeken het geheel verstevigen.

3 **BEKLEED HET FRAME MET HOOI.** Wikkel het hooi luchtig rond de bovenste rechthoek en bevestig het met wikkeldraad en eventueel met koudlijm. Lijm nu de veertjes op het hooi.

4 **SCHIK DE TAKKENCONSTRUCTIE** in een vaas en vul deze met water. Stop de ranonkels onderaan, tegen de zijkant van de piramide.

HANDIGE TIP

Knoop de wikkeldraad aan de binnenkant van het takkenframe, zodat u zich niet prikt aan de eindjes ijzerdraad die uitsteken.

5 **VERWERK DE BLOEIENDE TAKKEN** van de prunus zorgvuldig in het geheel.

EEN GESCHIKTE TAKKENBOS

Het sprokkelhout herinnert aan een lekker haardvuur. Dit bloemstuk verjaagt de winterse koude. De basisconstructie bestaat uit berkentakken en bevat bloemen die we telkens opnieuw kunnen vervangen.

AFMETING
50 x 50 x 30 cm

IDEAAL TIJDSTIP
WINTER - LENTE

MOEILIJKHEIDSGRAAD
VEREIST ERVARING

1 **DE CILINDRISCHE CONSTRUCTIE** wordt opgebouwd rond twee kleine kransjes van verse takken en met een doorsnede van 20 à 35 cm. Leg de takken met behulp van wikkeldraad vast.

2 **BEGIN MET HET FRAME** door drie takken van 60 cm lengte en 3 à 4 cm dikte op gelijke afstand – en met behulp van bloemdraad – aan beide kransen te bevestigen. De drie stokken hoeven niet precies gelijk te zijn: de takkenbos mag natuurlijk lijken.

3 **GA VERDER MET DE BOS** door meerdere takken van verschillende maat en kleur rondom het frame te bevestigen. Houd er rekening mee dat uiteindelijk de alliumstengels en de aspidistrabladeren door de takken heen moeten kunnen. De takken hoeven dus niet dicht aaneen te sluiten. Je creëert wat ruimte voor het groen door af en toe een tak aan de binnenkant van de cilinder te schikken.

MATERIAAL

- *Betula verrucosa (takken ruwe berk in stukken van 60 cm en eenjarige twijgen)*
- *6 à 7 bladeren Aspidistra elatior*
- *6 à 8 stengels Allium tuberosum*
- *1 rechthoekige vaas met platte bodem (9 x 20 cm)*
- *koudlijm*
- *touw*
- *wikkeldraad*
- *bloemdraad*
- *groene bloemistentape*

BELANGRIJK

"Bij de opbouw van het frame dient men rekening te houden met de alliumstengels die achteraf door de takken worden gestopt. Alliumstengels zijn teer, gebruik dus geen wikkeldraad maar touw om ze vast te binden."

4 MAAK DRIE VLECHTEN MET TWIJGEN en bevestig ze met wikkeldraad aan de buitenkant van de constructie.

5 WIKKEL BLOEMISTENTAPE ROND DE BLOEMDRAAD. Plaats de glazen vaas in de takkenbos en bevestig de vaas met de bloemdraad aan de takken. De tape is stroever dan de ijzerdraad, waardoor de vaas minder verschuift.

6 HALVEER DE ASPIDISTRABLADEREN langs de hoofdnerf. Rijg de bladhelften tussen de takken door en bevestig ze met lijm. Zet de takkenbos nu op zijn definitieve standplaats.

7 SNIJD OPENINGEN IN DE BLADEREN en stop er de alliumstengels door zodat de indruk ontstaat dat de bloemen en de knoppen uit het gebladerte komen.

8 LEID DE ALLIUMSTENGELS langs de buitenkant van het frame en vervolgens naar binnen. Stop ze in de glazen vaas in de bos hout. Hier kunnen de alliumbloemen volop water opzuigen.Bevestig de stengels op een decoratieve manier met eindjes touw. Werk het geheel af door hier en daar enkele takken met touw samen te binden.

MOEILIJKHEIDSGRAAD
VEREIST ERVARING

IDEAAL TIJDSTIP
LENTE

AFMETING
30 x 30 x 60 cm

MATERIAAL

- *1 bosje Narcissus-hybride*
- *hooi*
- *50 veren*
- *6 kwarteleierschalen*
- *6 kippeneierschalen*
- *3 citroenen*
- *bloemdraad*
- *wikkeldraad*
- *zwarte bloemistentape*
- *touw*
- *koudlijm*
- *1 glazen wijd uitlopende vaas*

FRAGIELE TOOI

Een kunstig hooistukje beschermt een bosje narcissen. Een bonte mengeling van citroenschil, eierschaal en veren herinnert ons er aan dat de natuur zich telkens hernieuwt.

1 **MAAK MET DE STAAFJES BLOEMDRAAD** één lange draad. Wikkel hiervoor de uiteinden van de staafjes rond elkaar. Bekleed de slinger met bloemistentape. Hierdoor verkrijgt u een basis waarop het hooi gemakkelijker hecht.

2 **NEEM TOEFJES HOOI** en schik ze in een bos rondom de draad. Bind het hooi vast met touw.

BELANGRIJK

"Het omhullen van de draad is niet eenvoudig. Gebruik aan het begin eventueel wat lijm."

3 **OM DE BASISSTRUCTUUR TE VORMEN**, maakt u eerst een lange spiraal. Vul de constructie aan met de kortere verbindingsstukken zoals de meridianen op een wereldkaart. Verbind de diverse delen telkens met wikkeldraad.

4 **ZORG ONDERAAN VOOR EEN OPENING** waarlangs men de narcissen in het bloemstuk kan inbrengen.

5 **NEEM DE NARCISSTENGELS VOORZICHTIG VAST** en wikkel ze in hooi. Bind het geheel vast met touw. Het hooi bekleedt de stengels tot op een hoogte van 15 à 20 cm en mag in het water staan.

6 **STOP HET BOEKETJE IN HET NETWERK.** Eventueel kan men de onderkant van de draadconstructie wat dichtvouwen. Hiervoor kunt u het uiteinde van de draad gebruiken die met hooi werd bekleed, maar niet werd vastgemaakt. Zet de narcissen in de vaas.

7 **SCHIL DE CITROENEN** zonder dat de schil breekt. Plak de schillen, de eierschalen en de veren in het boeket.

HANDIGE TIP

U kunt langer van dit geduldwerkje genieten, als u regelmatig het boeketje narcissen ververst. De citroenschil en het omhulsel van het bloemstuk zullen heel mooi drogen.

AFMETING
25 x 25 x 60 cm

IDEAAL TIJDSTIP
LENTE

MOEILIJKHEIDSGRAAD
MOEILIJK

MATERIAAL

MAGISCH INFERNO

Een dramatische compositie: een basis in verschroeid hout met narcisbollen die aan de vuurzee konden ontsnappen!

1 **MAAK EEN OPEN VUUR IN DE TUIN** en verbrand 4 cm dikke berkentakken. Houd uiteraard het vuur goed in het oog zodat er geen brand ontstaat. Laat het vuur smeulen zoals men houtskool stookt. Het hout wordt slechts oppervlakkig (2 à 3 mm) geschroeid wat een mooi contrast oplevert tussen de blanke kern en de half verkoolde bast.

2 **MAAK EEN DIKKE, COMPACTE ROL HOOI** met een doorsnede van minstens 10 cm. De rol wordt in en op de zwartgeblakerde pot geschikt, maar de constructie mag niet zijdelings uitsteken. Zet het hooi rondom met takjes vast.

- *verschroeid hout in stukken van 12 à 15 cm*
- *15 bollen Narcissus 'Tête-à-Tête' in de knop*
- *Plagiothermum undulatum (mos)*
- *hooi*
- *bamboestokken (35 cm)*
- *bloemdraad*
- *wikkeldraad*
- *koudlijm*
- *1 zwartgeblakerde aardewerken pot (20 à 25 cm doorsnede)*

3 **BEVESTIG EEN EERSTE RIJ VERBRAND HOUT** met wikkeldraad en werk zo verder. Elk stuk hout wordt aan weerszijden bevestigd. De wikkeldraad ontsiert het bloemstuk niet, integendeel, de draad past uitstekend in het geheel.

BELANGRIJK

"Een smeulend houtvuurtje gaande houden vergt enige handigheid, maar is niet zo moeilijk. U kunt ook een vuurtje stoken, regelmatig de takken omkeren zodat ze aan alle kanten gelijkmatig verschroeid zijn en ze op het gewenste moment in een emmer water stoppen."

4 **PLAK DE NARCISBOLLEN** op het bloemstuk. Men kan ook bloemdraad door de bollen prikken om deze op het hooi te bevestigen.

5 **PLAK HET MOS** tussen de bloembollen op het hooi en zet het mostapijt heel natuurlijk verder op de bovenkant van het verbrande hout.

6 **BEGIET HET MOS** en de narcisbollen regelmatig met water.

HANDIGE TIP

Bij het bevochtigen van het bloemstuk mag er geen water op de bloemblaadjes druppelen, dit beschadigt de fragiele narcissen.

AFMETING
40 x 40 x 25 cm

IDEAAL TIJDSTIP
LENTE

MOEILIJKHEIDSGRAAD
EENVOUDIG

HET WILGENNEST

Tijdens de lente komt de natuur tot leven. In het bos steekt een groep narcissen hun bloemhoofdjes door de vochtige humuslaag heen. Deze bloemen worden niet geplukt maar krijgen een veilig nest. Een vlechtwerk van krulwilg is hiervoor ideaal.

1 MEET DE PRECIEZE DOORSNEDE van de schaal. Maak met de lange dunne twijgen een vlechtwerk met dezelfde afmeting. Bind de takken samen met behulp van wikkeldraad. Plaats de takkenkroon op de schaal.

2 SNOEI DE DIKKERE TAKKEN in stukken van 25 à 35 cm. Deze worden tussen de twijgen gestopt en vormen de basis van het nest.

3 GIET WATER IN DE SCHAAL zodat de narcissen vocht kunnen opnemen.

4 VERWIJDER DE AARDE van de narcisbollen – spoel ze eventueel onder de kraan – en schik de bloembollen tussen de dikke grillige wilgentakken.

5 LIJM DE EIERSCHALEN op de twijgen en vul ze tot de helft met water. Een handige spuitfles is hiervoor heel geschikt.

6 KNIP DE STENGELS van de ranonkels tot op enkele millimeters van de bloemhoofden en schik de bloemen in de eierschalen.

MATERIAAL

- *6 à 8 bollen Narcissus (narcis)*
- *4 à 5 Ranunculus asiaticus (tuinranonkel)*
- *Salix babylonica 'Tortuosa' (1 à 2 dikke takken en een tiental fijne twijgen krulwilg)*
- *4 à 5 halve eierschalen*
- *1 diepe schaal met een doorsnede van 30 à 40 cm*
- *wikkeldraad*
- *koudlijm*

BELANGRIJK

"Volg het voorbeeld van de vogels en ga bij het vlechten van het nest langzaam en nauwkeurig te werk. Dit garandeert een geslaagd eindresultaat."

HANDIGE TIP

Salix babylonica 'Tortuosa' kan vervangen worden door Corylus avellana 'Contorta'. De takken van de krulhazelaar zijn echter minder buigzaam en daarom tweede keuze.

RONDUIT LENTE

In dit voorjaarsstukje staat de minder bekende kievitsbloem (Fritillaria michailovskyi) centraal. Het hooi verleent het geheel een landelijke uitstraling en de eierschalen luiden de paastijd in.

AFMETING
50 x 30 x 20 cm

IDEAAL TIJDSTIP
LENTE

MOEILIJKHEIDSGRAAD
EENVOUDIG

1 **MAAK MET HET HOOI DRIE BOLLEN** met een doorsnede van ongeveer 8, 10 en 12 cm. Draai wikkeldraad rond de bollen zodat ze hun vorm behouden.

2 **KNIP MET EEN DRAADTANG** de dikkere bloemdraad in stukken van 5 à 6 cm en buig ze tot krammen.

3 **LEG DE BOLLEN STEEKSCHUIM** in water. Het steekschuim drijft eerst op het water, maar zinkt zodra het verzadigd is. Bedek de bollen met mos en steek dit vast met krammen. Rol de bollen in wikkeldraad.

4 **KNIP CIRKELS UIT DE PLASTICFOLIE.** Bereken de doorsnede zodat één derde van de bol steekschuim ermee bedekt wordt. Steek de plasticfolie met krammen rond de bol vast. Zo behoudt de bol voldoende water voor de bloemen die u straks in het steekschuim prikt.

MATERIAAL

- *6 Fritillaria michailovskyi*
- *1 groot pak gedroogd hooi*
- *Plagiothermum undulatum (mos)*
- *1 diepe aardewerken schotel met een doorsnede van 25 à 30 cm*
- *bloemdraad om krammen van te maken*
- *wikkeldraad*
- *3 bollen steekschuim met een doorsnede van 9 cm*
- *1 bol steekschuim met een doorsnede van 12 cm*
- *transparante plasticfolie*
- *eierschalen*

HANDIGE TIP

"**Om de stengel van de fritillaria's gemakkelijk te kunnen hanteren, maak je eerst een gaatje in het schuim met een breipen die net zo dik is als de bloemstengel. Steek de stengel tot op 2 à 3 cm vanaf de onderkant in de bol, omdat het water zich op deze hoogte verzamelt.**"

5 **SCHIK DE BOLLEN STEEKSCHUIM** en de bollen hooi in een diepe schotel.

6 **MAAK MET BEHULP VAN EEN NAALD KLEINE GAATJES** in de halve eierschalen. Leg de schalen vervolgens tussen de bollen in de schotel.

7 **LAAT 15 À 25 CM STENGEL** aan de fritillaria's, afhankelijk van de plaats die ze krijgen. Snijd de stengels schuin af en steek ze door de eierschalen en door de moslaag heen in het steekschuim.

WILD EN NAÏEF

Sleutelbloemen, kleine narcissen en ranonkels: wilde voorjaarsbloeiers in een mand. We plukken wat hooi langs de rand van het bos en dekken de bloemen zacht toe.

MATERIAAL

- *4 Argyranthemum frutescens*
- *4 Bellis perennis (madeliefje)*
- *5 Chamelaucium uncinatum (wasbloem)*
- *1 tak Hedera helix (gewone klimop)*
- *8 Muscari botryoides (blauwe druifjes)*
- *10 Narcissus 'Tête-à-Tête'*
- *12 bronskleurige bladeren Phormium 'Dazzler'*
- *8 Primula elatior (slanke sleutelbloem)*
- *5 Ranunculus asiaticus (tuinranonkel)*
- *4 Tulipa*
- *15 Xerophyllum tenax (beregras)*
- *Plagiothermum undulatum (mos)*
- *hooi en stevig stro*
- *eierschalen*
- *1 rieten mand met een doorsnede van 30 cm*
- *8 à 10 glazen reageerbuisjes (15 cm lang)*
- *koudlijm*
- *zilverdraad*

AFMETING
30 x 30 x 25 cm

IDEAAL TIJDSTIP
LENTE

MOEILIJKHEIDSGRAAD
EENVOUDIG

1 HAAL ACHTEREENVOLGENS DECORATIEVE GRASHALMEN, PHORMIUM EN STRO door het vlechtwerk van de rieten mand. Let erop dat de mooiste delen van het blad aan de buitenkant zichtbaar zijn. Een bekleding met mos werkt het geheel af. Toefjes strohalmen van 15 cm lengte worden aan de binnen- en de buitenkant van de mand bevestigd om het wilde karakter van dit bloemstuk te benadrukken. Gebruik hiervoor eventueel koudlijm.

2 BRENG DE GLAZEN BUISJES AAN. Ondanks het informele en natuurlijke karakter zit deze compositie heel ingenieus in elkaar. De glazen buisjes worden over de mand verdeeld. Eentje wordt schuin op halve hoogte vastgemaakt. Hierin komt straks de klimopstengel. De reageerbuisjes worden met behulp van zilverdraad of met koudlijm bevestigd zodat de mand veilig kan worden verplaatst.

3 VUL DE BUISJES MET WATER. Een handige spuitfles is hiervoor heel geschikt. Stop de klimop in de mand en schik de stengel in het glazen buisje. Bevestig de klimop met behulp van lijm of bloemdraad van 0,4 mm dik.

4 VUL DE MAND MET HOOI, maar vermijd dat er hooi in de buisjes komt. Schik nu de bloemen in de mand en knip hiervoor hun stengels tot op 2 à 3 cm af. Als laatste krijgen de eierschalen een plaats. Het zijn perfecte miniatuurhouders en ze kunnen eventueel met water en enkele bloemhoofdjes worden gevuld. Lijm losse bloemblaadjes van de tulpen op het bloemstuk.

5 OM DIT WILDE BOEKET OPTIMAAL TE BEWAREN worden de buisjes regelmatig met vers water gevuld. Frisse voorjaarbloeiers vervangen de verwelkte bloemen. Zo blijft dit naïeve bloemstuk aantrekkelijk en kan het een lente lang een hal of een keuken opfleuren.

VOORJAARSBLOEIERS

Een lenteboeket met tulpen en krokusknolletjes.
Frêle populierbladeren zorgen voor een verfijnde afwerking.
Dit ingenieuze bloemstuk is met een weinig vakkennis eenvoudig te realiseren.

1 MEET DE HOOGTE EN DE DOORSNEDE VAN DE POT (onderaan, in het midden bovenaan). De basisconstructie van het bloemstuk is een verticale spiraal opgebouwd uit takken van bosbes. Om de structuur stevigheid te verlenen worden wilgentakken tussen de fijne takken van de bc bes geweven. Het onderste deel van de spiraal komt overeen met de kleinste doorsnede van de houder. Bi de takken samen met wikkeldraad, maar leg de knoopjes telkens aan de binnenkant van de spiraal zodat zich niet bezeert.

2 BEKLEED DE PLASTIC STEEKBUISJES met veenmos en bevestig dit met behulp van wikkeldraad.

3 PLAATS DE SPIRAAL IN DE AARDEN POT. De takkenstructuur mag enkele millimeters groter zijn dan de houder zodat het geheel stevig vastzit. Plaats de steekbuisjes schuin in de takken. Let erop dat hun opening op verschillende hoogtes uitsteekt. Op deze plaats komen de tulpenstengels tevoorschijn.

MATERIAAL

- 12 à 15 krokusknolletjes
- 2 takken Salix viminalis (katwilg)
- 1 grote handvol Sphagnum (veenmos)
- 8 à 10 dubbele tulpen in de knop
- 8 à 10 takken Vaccinium myrtillus (blauwe bosbes)
- 10 witte bladskeletten van de populier
- 8 à 10 plastic steekbuisjes
- wikkeldraad
- koudlijm
- 1 gelakte aarden pot

MOEILIJKHEIDSGRAAD
VEREIST ERVARING

IDEAAL TIJDSTIP
LENTE

AFMETING
40 x 40 x 45 cm

BELANGRIJK

"Een tulpenstengel is stevig en breekt gemakkelijk. Om dit te voorkomen neemt men de tulpen een uur voordien uit het water. De stengels worden hierdoor soepel en plooibaar. Snijd de stengels schuin af en stop ze in de steekbuisjes. Uiteraard zijn de tulpen nu dringend aan water toe. Vul de steekbuisjes kort na de afwerking bij met water."

4 VERWIJDER DE BLADEREN VAN DE TULPEN. Gebruik hiervoor een scherp mes en maak rondom de stengel een insnijding in het blad, ter hoogte van de bladschede.

5 SNIJD DE BASIS VAN DE TULPENSTENGELS schuin af en stop de stengels in de plastic steekbuisjes gevuld met water. Vlecht de tulpen door de takken heen. Men kan de bloemen met wikkeldraad vasthechten, maar dit is niet noodzakelijk.

6 PLAK DE KROKUSKNOLLETJES en de bladskeletten op het bloemstuk.

AFMETING
50 x 50 x 60 cm

IDEAAL TIJDSTIP
LENTE

MOEILIJKHEIDSGRAAD
MOEILIJK

GESLUIERDE TULPEN

Een hedendaags boeket met tulpen en typhabladeren. Het vlechtwerk vergt een zekere handigheid, wat dit bloemstuk minder geschikt maakt voor beginners. Wij hebben een voorkeur voor eenvoudige witte tulpen, maar u kunt het boeket variëren door een andere kleur te kiezen die bij de vaas past, of omgekeerd. Rafelige parkiettulpen of papegaaitulpen zijn eveneens geschikt.

MATERIAAL

- *12 Tulipa (witte tulpen in knop)*
- *60 bladeren Typha angustifolia*
- *1 glazen vaas (25 à 30 cm hoog) met vierkante opening*

1 VOOR HET VLECHTWERK neemt u een typhablad dat heel soepel en plooibaar is.

2 LEG 25 TYPHABLADEREN in dezelfde verticale richting op tafel. De totale breedte van het uiteindelijke vlechtwerk moet overeenkomen met de binnenomtrek van de vaas.

3 GEBRUIK VOOR HET VLECHTEN EEN TWAALFTAL TYPHABLADEREN en begin ongeveer 12 cm vanaf de onderkant. Let erop dat u afwisselend met de top en de basis van het blad begint. Dit compenseert het verschil in breedte. Zo ontstaat een gevlochten band die overal even breed is. Dit is de basis van de tulpenhouder.

4 **VOUW HET ONDERSTE GEDEELTE VAN DE VERTICALE BLADEREN** om en verweef deze delen door het vlechtwerk.

5 **HERHAAL DIT MET DE BLADEREN DIE HORIZONTAAL** werden verwerkt, maar slechts aan één kant.

6 **VORM NU DE HOUDER** door de overige bladeren aan de binnenkant van de basisconstructie in het vlechtwerk te weven.

7 **ZET HET VLECHTWERK** voorzichtig in de vaas.

BELANGRIJK

"De vormovergang van cilinder naar vierkant is de belangrijkste stap in deze constructie. Men kan dit wel vermijden door een vaas met een cirkelvormige opening te kiezen"

8 **SNIJD DE BLADEREN AAN TWEE KANTEN** van de vaas af op ongeveer 15 cm boven de rand. Vouw de uiteinden om en verwerk ze in het vlechtwerk.

9 **VLECHT AAN BEIDE KANTEN** van de vaas 60 cm lange typhabladeren haaks door de bladeren die niet werden afgeknipt.

10 **VERWERK DEZE BLADEREN** op een soepele manier in de vegetatieve houder, ongeveer in de vorm van een afgeplatte acht.

11 **SLUIT HET GEHEEL.** Vouw de bladeren die uitsteken kruiselings over elkaar en weef er typhabladeren haaks doorheen.

12 **STOP EEN TIENTAL VOLLEDIGE TYPHABLADEREN** in de sluiting van het vlechtwerk.

HANDIGE TIP

Dit boeket houdt een week, de levensduur van een boeket tulpen. Uiteraard kan men de tulpen 2 à 3 keer vervangen. Daarna is ook de typha uitgedroogd.

13 **OM EEN SLUIEREFFECT TE VERKRIJGEN** snijdt u deze typhabladeren in de lengte 2 à 3 keer in met een scherp mes.

14 **MEET DE VRIJE HOOGTE** voor de tulpen vanaf de bodem van de vaas. Verwijder alle tulpenbladeren die in het water zouden komen. Kort hun stengels indien nodig nog een beetje in en stop de tulpen voorzichtig in de gevlochten vaas.

MOEILIJKHEIDSGRAAD
VEREIST ERVARING

IDEAAL TIJDSTIP
LENTE

AFMETING
20 x 20 x 65 cm

MATERIAAL

- *15 à 20 bladeren Aspidistra elatior*
- *8 bladeren rode Phormium-hybride*
- *8 Ranunculus asiaticus (tuinranonkel)*
- *8 Tulipa (roze Franse tulpen)*
- *plasticfolie*
- *steekschuim*
- *koudlijm*
- *raffia*
- *1 koperen pot (met schuine wand)*

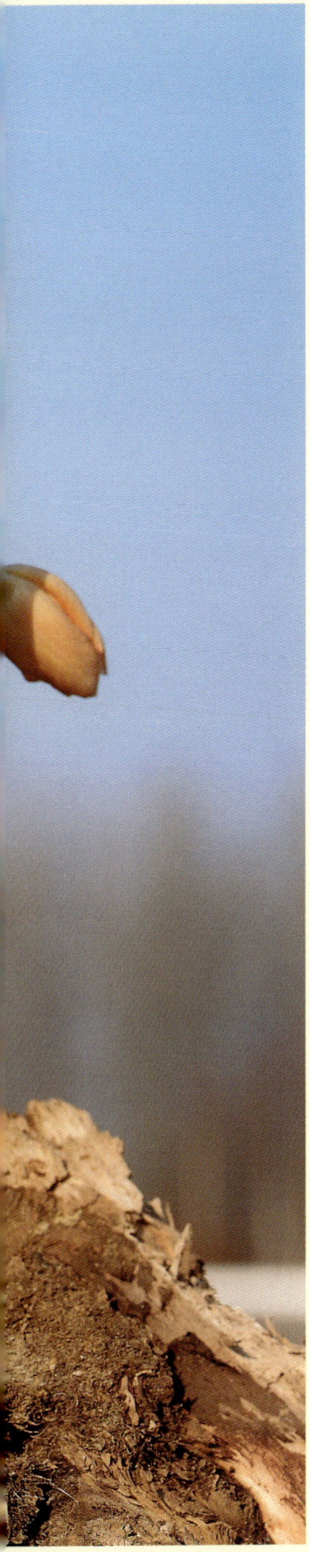

EEN SPEL VAN BLOEM EN BLAD

Deze geraffineerde compositie lijkt heel moeilijk, maar is vrij eenvoudig te maken. De gebogen lijnen van bloemen en bladeren geven het geheel een opmerkelijke spanning.

1 **BEKLEED DE BINNENKANT VAN DE KOPEREN POT** met plasticfolie en knip de uitstekende delen met een schaar af. Snijd het steekschuim in blokken en laat ze zich volzuigen met water. Vul de pot gelijkmatig met het steekschuim op tot op 2 à 3 cm van de rand.

2 **NEEM EEN EERSTE ASPIDISTRABLAD** en steek het blad schuin tussen de wand van de pot en het steekschuim. Buig het blad soepel rond de bovenkant en plak het vast. Herhaal dit minstens een tiental keer. Naarmate u bladeren toevoegt, wordt de doorsnede van de opening bovenaan groter. De lijn van het bloemstuk volgt de lijn van de koperen pot. Snijd de bovenkant met een schaar zo horizontaal mogelijk af (op ongeveer 40 cm van de rand van de koperen pot). Maak spaarzaam gebruik van lijm, dit vergemakkelijkt de volgende fase.

3 **VLECHT ACHT LANGWERPIGE RODE PHORMIUMBLADEREN** tussen de aspidistra. Stop de basis van de bladeren in het steekschuim zodat ze vocht kunnen opnemen.

4 **SNIJD DE TULPEN- EN RANONKELSTENGELS SCHUIN AF.** Zorg ervoor dat de bloemhoofden nog boven de aspidistra uitkomen. De lengte van de stengels is ongelijk om de compositie verder te kunnen afwerken. Indien nodig prik je eerst een gaatje in het steekschuim, alvorens de bloemstengels met behulp van een naald in het steekschuim vast te zetten.

5 **BUIG EEN DEEL VAN DE TULPEN EN RANONKELS OM.** Vouw ook de punten van de phormiumbladeren om. Verweef bloemen en bladeren en leg ze tenslotte vast met raffia.

BELANGRIJK

"Tulpen houden beter indien ze voldoende vocht kunnen opnemen. Het steekschuim moet daarom volledig met water verzadigd zijn, het mag zelfs iets onder water staan."

HANDIGE TIP

Snijd de basis van de aspidistrabladeren af, dit deel is minder soepel en moeilijk te verwerken.

INTREDE VAN DE ZOMER

De combinatie van eenvoudige bloemen gemengd met imposante pioenen en elegante rozen geven dit boeket een landelijke uitstraling. Het veldboeket krijgt volume door het gebruik van groen.

MATERIAAL

- *6 à 8 Ageratum houstonianum*
- *6 à 8 Alchemilla mollis (vrouwenmantel)*
- *6 Asclepias tuberosa*
- *6 à 8 Aster ericoides 'Monte Cassino'*
- *6 Bouvardia 'Artemis'*
- *6 à 8 takjes Carpinus betulus (gewone haagbeuk)*
- *5 à 6 takjes Cotinus coggygria 'Royal Purple'*
- *6 à 8 Delphinium 'Blue Shadow' (ridderspoor)*
- *3 à 4 Eryngium alpinum (Alpenkruisdistel)*
- *6 à 8 Freesia hybride*
- *3 Paeonia lactiflora (tuinpioen)*
- *5 Rosa 'Nicole' (roos)*
- *touw*
- *1 aardewerken vaas*

AFMETING
40 x 40 x 40 cm

IDEAAL TIJDSTIP
EINDE LENTE

MOEILIJKHEIDSGRAAD
VEREIST ERVARING

1 **SCHIK DE TAKKENCONSTRUCTIE** in een vaas en vul deze met water. Stop de ranonkels onderaan, tegen de zijkant van de piramide. Knip alle blaadjes weg tot op enkele centimeters vanaf het bloemhoofd. Snijd de stengels schuin af. Hiervoor kunt u een vlijmscherp keukenmes gebruiken.

2 **HOUD ÉÉN STENGEL VAST** en leg er een volgende stengel schuin op. De derde stengel wijst opnieuw schuin in de andere richting. Werk zo verder. De stengels dienen dus schuin op elkaar te liggen, eerst naar links, dan naar rechts, en zo verder.

3 **STOP AF EN TOE EEN TAK COTINUS** of haagbeuk tussen de bloemen: het gebladerte brengt meer volume in het geheel. Om te vermijden dat het boeket te zwaar wordt, werkt u in verschillende fasen. Bind telkens 8 à 10 stengels en takken samen.

BELANGRIJK

"De rozen en pioenen spelen een belangrijke rol in het geheel. Hun plaatsing dient nauwkeurig overwogen, want hiervan hangt het eindresultaat af. Plaats de bloemen eerder aan de rand en niet centraal, om te vermijden dat ze alle aandacht naar het midden van het boeket zouden trekken."

4 **STOP DE ROZEN EN DE PIOENEN** aan de rand van het boeket. De duurste bloemen, de drie pioenen, vormen zo de punten van een denkbeeldige driehoek binnen een cirkel.

5 **BIND ALLE STENGELS SAMEN** met touw. Schik het boeket tenslotte in een vaas met een brede opening.

MOEILIJKHEIDSGRAAD
VEREIST ERVARING

IDEAAL TIJDSTIP
ZOMER

AFMETING
25 x 25 x 50 cm

DE BLOEMENDOOS

Een sobere verpakking, maar een geraffineerd idee voor een natuurlijk geschenk.

MATERIAAL

- *4 à 5 Centaurea cyanus (korenbloem)*
- *4 à 5 Hordeum hybride (siergras)*
- *10 takken Larix decidua (Europese lork)*
- *5 à 6 Crocosmia hybride (montbretia)*
- *9 Papaver nudicaule (IJslandse papaver)*
- *Plagiothermum undulatum (mos)*
- *1 doos van golfkarton met een doorsnede van 25 cm*
- *plasticfolie*
- *steekschuim*
- *wikkeldraad*
- *koudlijm*

1 **LEG DE PLASTICFOLIE OP DE BODEM** van de kartonnen doos. Snijd het steekschuim tot een cilinder die 2 cm lager is dan de doos.

2 **LAAT HET STEEKSCHUIM** zich volzuigen met water en plaats het op de plasticfolie. Bedek de bovenkant met mos.

3 **VERWIJDER DE BLADEREN** van de lorktakken en snijd ze in 4 à 5 stukken van 40 à 50 cm. Prik de takken langs de rand in het steekschuim. Deze takken vormen het frame van het bloemstuk.

BELANGRIJK

“Bloemstengels door een houten structuur leiden is niet eenvoudig. Ga voorzichtig te werk om de stengels niet te beschadigen.”

4 MAAK DE ZIJWANDEN met behulp van horizontale stukjes lork, die u vastmaakt met wikkeldraad. Plaats nu de grote lorktakken verticaal op de buitenkant van de doos en het deksel. Gebruik wikkeldraad en een paar onzichtbare stipjes lijm om ze vast te zetten.

5 PLAATS DE BLOEMEN aan de binnenkant van deze natuurlijke ‘kooi’ en prik ze in het steekschuim. Zet het deksel op de doos.

6 STOP DE OVERIGE STENGELS en het siergras door de tralies in het steekschuim. Zet de bloemstengels hier en daar met een stukje touw vast. Leid de bloemen met de langste stengels tot op het deksel en lijm ze bovenop het bloemstuk vast.

HANDIGE TIP

U kunt om het even welke doos gebruiken, maar een vierkante of ronde doos is het meest geschikt.

BLOEIENDE KLEI

Voor dit bloemstuk wordt bijna uitsluitend gebruik gemaakt van natuurlijke materialen. Takken en bloemstengels worden in ongebakken klei geschikt.

AFMETING
20 x 20 x 45 cm

IDEAAL TIJDSTIP
ZOMER

MOEILIJKHEIDSGRAAD
MOEILIJK

BELANGRIJK

> **"Bij dit bloemstuk is het uiteraard even uitkijken hoe je de vaas opbouwt. Vraag raad bij uw leverancier van basismaterialen."**

MATERIAAL

- *10 takken Buxus sempervirens (buksboom)*
- *2 Centaurea cyanus (korenbloem)*
- *3 Dianthus barbatus (duizendschoon)*
- *2 Fritillaria michailovskyi (kievitsbloem)*
- *3 Muscari botryoides (blauwe druifjes)*
- *2 Anchusa azurea (ossetong)*
- *3 Argyranthemum frutescens*
- *3 Asclepias tuberosa*
- *3 Papaver nudicaule (IJslandse papaver)*
- *3 Ranunculus asiaticus (tuinranonkel)*
- *1 à 2 Tanacetum parthenium*
- *2 Viburnum opulus (Gelderse roos)*
- *1 pak klei*
- *2 à 3 dl florapack*
- *plastic fles*

1 **BOUW EEN VAAS** op met lappen klei.

2 **ZET EEN HOUDER** in de kleivaas (de bodem van een plastic fles, bijvoorbeeld). De houder bevat florapack waarin u de bloemstengels kunt steken.

3 **VOLG BIJ DE AFWERKING** van de vaas uw eigen inspiratie. Zo kunt u de rand diverse keren insnijden en de repen klei buigen.

4 DRUK DE TAKJES BUXUS IN DE KLEI. Druk de klei aan met de vingers, een houten spatel of een lepel.

5 VERSIER DE BUITENKANT van de kleipot met een ruwe krastechniek.

6 SNIJD DE BLOEMSTENGELS schuin en op maat af. Steek ze in de florapack.

HANDIGE TIP

De poreusheid van de klei is bij dit bloemstuk van geen belang zolang u de florapack met de takken en stengels in een plastic houder stopt.

AFMETING
45 x 45 x 60 cm

IDEAAL TIJDSTIP
ZOMER - HERFST

MOEILIJKHEIDSGRAAD
MOEILIJK

EEN FLORALE CASCADE

Een royaal boeket zoals de leliebloem zelf.
De ronde, afhangende vorm maakt dit bloemstuk heel geschikt voor een schouw, een sokkel of een pronktafeltje.

MATERIAAL

- *6 à 7 Brunia albiflora*
- *1 Chamelaucium uncinatum (wasbloem)*
- *2 takken Equisetum hyemale*
- *7 à 8 takken Eucalyptus met langwerpige bladeren*
- *7 à 8 takken Eucalyptus populus (met ronde bladeren)*
- *1 Kochia scoparia*
- *8 à 10 Lilium longiflorum (witte lelie)*
- *8 à 10 Ranunculus asiaticus (tuinranonkel)*
- *10 bladeren Typha angustifolia*
- *zilverdraad*
- *touw*
- *1 bolvormige vaas met grote opening*

1 **KNIP MET EEN SNOEISCHAAR** de equisetum in stukjes van 3 à 4 cm en stel kleine boeketjes samen met de kochia en de knopjes wasbloem. Wikkel de boeketjes afwisselend in zilverdraad zoals u kralen aan een halssnoer zou rijgen. Maak 4 à 5 slingers van 1 m lang.

2 **SNIJD DE UITEINDEN** van elk toefje met de schaar schuin en mooi gelijk af.

3 **MAAK EEN HANDGESCHIKT BOEKET** met om beurten beide eucalyptussoorten, de lelies, ranonkels, de brunia, typha... Begin met de langste stengels. Om te voorkomen dat het boeket uiteenvalt terwijl u het samenstelt, bindt u telkens na tien stengels opnieuw wikkeldraad om de stelen. Zo kunt u het boeket gemakkelijker vasthouden. Ga zo verder tot alle materiaal verwerkt is.

BELANGRIJK

Evenwicht is het sleutelwoord bij dit boeket. Het wordt bereikt door de langere bloemstelen – met afhangende bloemhoofden – vooraan te stoppen. Tijdens de samenstelling draait u het boeket regelmatig in alle richtingen zodat het uiteindelijke boeket van bovenaf gezien rond is.

4 SNIJD DE LANGE TYPHABLADEREN IN en haal de halmen door elkaar zodat ze een kader vormen. Bind de bladeren vast met zilverdraad, maar laat enkele bladeren afhangen. Stop het boeket in een vaas met water.

5 PLAATS DE DECORATIEVE 'HALSSNOEREN' dusdanig op het boeket dat ze lager hangen dan de onderkant van de vaas.

HANDIGE TIP

Open bloemhoofden verlenen het boeket dynamiek en kracht.

Steek de lelies in de juiste richting en laat ze hierbij hun natuurlijke bloeiwijze volgen. Houd de vorm en de groeiwijze van de bloem in gedachte tijdens de samenstelling van het boeket.

AFMETING

50 x 50 x 15 cm

IDEAAL TIJDSTIP

ZOMER - HERFST

MOEILIJKHEIDSGRAAD

VEREIST ERVARING

EEN GROENE TAFEL

Deze landelijke compositie oogt heel geslaagd als centrale tafelversiering. De verwelkte bloemen worden regelmatig vervangen.

MATERIAAL

- *3 Aster ericoides 'Monte Cassino'*
- *3 Bouvardia hybride*
- *30 à 40 takjes Buxus sempervirens (buksboom)*
- *3 à 4 Euphorbia amygdaloides (amandelwolfsmelk)*
- *3 à 4 Helleborus foetidus (stinkend nieskruid)*
- *5 à 6 Lathyrus odoratus (pronkerwt)*
- *3 Tanacetum parthenium 'Single Vegmo'*
- *40 à 50 bladeren Typha (60 cm lang)*
- *1 krans van steekschuim in een houder van plastic of gerecycleerd materiaal (doorsnede van 22 cm)*
- *1 vierkant stuk kippengaas met zijden van 20 cm*
- *wikkeldraad*
- *koudlijm*

1 **BEVESTIG HET STEEKSCHUIM IN DE HOUDER.** Knip hiervoor het kippengaas in vier gelijke stroken. Wikkel deze stroken op vier plaatsen rondom de houder met steekschuim. Bind het kippengaas met wikkeldraad vast. Deze verankering voorkomt dat de krans openbreekt. De extra veiligheid is noodzakelijk indien u kaarsen in het bloemstuk verwerkt.

2 **VLECHT EEN VIERKANT MATJE** (50 à 60 cm zijde). Leg hiervoor een dertigtal typhabladeren op tafel. Let erop dat ze om beurten met de basis en de top naast elkaar liggen zodat het verschil in breedte tussen de boven- en de onderkant van een typhablad gecompenseerd wordt.

3 **PROBEER EEN ZO PERFECT MOGELIJK VIERKANT** te verkrijgen. Vouw de resterende bladdelen om en verwerk ze tussen het vlechtwerk.

4 **SNIJD IN HET MIDDEN**, met behulp van een vlijmscherp mes, een cirkel uit met een doorsnede die overeenstemt met de binnenste doorsnede van de krans.

5 **LAAT HET STEEKSCHUIM VOLDOENDE WATER OPNEMEN.** Verwijder de onderste blaadjes van de 10 à 12 cm lange buxustakjes en prik de takjes in het steekschuim. Zorg ervoor dat de buxustakjes niet te dicht opeen staan maar de krans toch bijna volledig bedekken.

6 **NEEM DE BLOEMHOOFDEN** van de overige takken en stengels, inclusief zo'n 15 cm stengel. Prik ze afwisselend tussen de buxustakjes zodat minstens 60% van het groen verstopt zit. Bij zachte stengels prikt men vooraf met een naald een gaatje in het steekschuim.

7 **BEVESTIG DE KRANS** met koudlijm op het vlechtwerk.

BELANGRIJK

"Vergeet niet aan het begin van het vlechtwerk de eerste bladeren met een stipje lijm vast te leggen. Hiermee kunt u de volgende bladeren tegen elkaar aanduwen, wat het vlechtwerk de nodige stevigheid verleent."

HANDIGE TIP

Het is niet erg indien enkele typhabladeren een beetje wit verkleurd zijn. Integendeel, de bladeren harmoniëren perfect met het tweekleurige boeket.

TRIOMF DER ORCHIDEEËN

Een overvloed aan orchideeën gevat in een elegante constructie zoals de epifytische variëteiten in de natuur steun zoeken op bomen. Een meesterstukje voor geoefende bloemschikkers.

1 **WEEF MET TYPHABLADEREN TWEE RECHTHOEKEN** van 15 cm breed en ongevee 40 cm lang. De ene dient wat langer te zijn dan de andere om het bovenste gedeelte van de boog t kunnen vormen. Plak tijdens het vlechten de bladeren met wat lijm vast.

2 **SCHIK BEIDE RECHTHOEKEN BOVEN ELKAAR.** Vorm met de typhabladeren die uitsteke de zijwanden, waarvan de hoogte varieert van 8 cm aan de uiteinden tot 12 cm in het midden. Sto het uiteinde van elk blad in een rechte hoek in het bovenste of onderste deel. Zo steekt het gehee stevig ineen. De typhabladeren aan beide uiteinden van de boog blijven gewoon hangen.

3 **BEKLEED DE BAMBOESTOKJES** met groene bloemistentape. Stop de stokjes gekruist i het vlechtwerk en plak ze op meerdere plaatsen vast met lijm. Deze stokjes vormen de eigenlijk dragende structuur van de boog.

MATERIAAL

- *8 à 10 Arachnis of Renanthera*
- *6 Safariknop (Cosmosum)*
- *Typha angustifolia*
- *8 kleine orchideeënhouders*
- *bloemdraad*
- *2 bamboestokjes*
- *1 vaas (40 cm hoog), met smalle hals*
- *koudlijm*
- *groene bloemistentape*

AFMETING
60 x 20 x 60 cm

IDEAAL TIJDSTIP
ZOMER - HERFST

MOEILIJKHEIDSGRAAD
MOEILIJK

BELANGRIJK

"**Het samenbrengen van beide gevlochten panelen tot één boog vergt meer dan één paar handen.**"

4 **STOP DE TWEE ONDERSTE DELEN** vervolgens gekruist in de vaas.

5 **STOP DE SAFARI** langs weerszijden in de gevlochten koker zodat de indruk ontstaat dat het groen uit de zijkant komt.

6 **BEVESTIG DE GLAZEN BUISJES** met groene bloemistentape op bloemdraad en stop de stengels van de orchideeën in de kleine met water gevulde buisjes. Bekleed het geheel met groene tape. Stop de stengels en hun buisjes in de boog en bevestig ze onzichtbaar met draad aan de typha-koker.

7 **MAAK NU MET TYPHABLADEREN** het centrale deel dat in de vaas steekt en de indruk geeft het geheel te ondersteunen. Stop een uiteinde van elk blad in het vlechtwerk, buig het blad elegant om en stop het in de vaas.

AFMETING
25 x 25 x 40 cm

IDEAAL TIJDSTIP
HERFST

MOEILIJKHEIDSGRAAD
EENVOUDIG

VERSCHOLEN ELEGANTIE

Herfsttinten en de kleur van de ondergaande zon passen uitstekend bij dit bloemstuk waarvan de verfijning benadrukt wordt door een sluier van plantaardige stengels.

MATERIAAL

BELANGRIJK

"Waarom juist xanthorrhoea in bloemstukken wordt toegepast, wordt meteen duidelijk wanneer u de eerste halm ombuigt: het gras knakt, maar breekt niet!"

- *4 à 6 Alchemilla mollis (vrouwenmantel)*
- *4 à 6 Asclepias tuberosa*
- *4 à 6 Carthamus tinctorius*
- *6 Crocosmia hybride (montbretia)*
- *10 Freesia hybride*
- *6 Hypericum hybride (hertshooi)*
- *15 takken Myrtus communis (mirt)*
- *4 Pistacia lentiscus*
- *6 Rosa (oranje rozen)*
- *6 bladeren Typha angustifolia*
- *25 à 30 Xanthorrhoea (steal grass)*
- *1 vierkante gevlochten mand (20 x 20 cm)*
- *steekschuim*
- *plasticfolie*

1 BEKLEED DE BINNENKANT VAN DE MAND met plasticfolie. Snijd het steekschuim in stukken en laat ze voldoende water opnemen. Vul de mand op met steekschuim tot 2 à 3 cm onder de rand.

2 SNIJD DE TAKKEN MIRT schuin af en plaats ze in het steekschuim. Let erop dat de takken een rond, compact geheel vormen, maximaal 30 cm hoog. Werk de vorm bij met een snoeischaar.

3 SNIJD DE BLOEMSTENGELS schuin af en steek ze zo tussen de takken dat ze net boven de mirt uitsteken.

4 PRIK DE HALMEN XANTORRHOEA in het steekschuim. Neem de stengel tussen de duim en de wijs- en middenvinger en knak de bladeren net boven het groen van het bloemstuk. Herhaal dit aan de andere kant, knak de bladeren om naar beneden en stop ze in het steekschuim.

5 WERK HET BLOEMSTUK AF met de typhabladeren. Weef de bladeren rond het bloemstuk. Maak 2 à 3 toeren en zet de bladeren vast met behulp van spelden of nietjes. Lijm kan ook.

AFMETING	IDEAAL TIJDSTIP	MOEILIJKHEIDSGRAAD
40x 40 x 50 cm	HERFST - WINTER	EENVOUDIG

NATUURPARELS

Dit natuurlijke snoer parels en bladeren is snel gemaakt en staat beeldig wanneer het feest is, maar kan ook als etalageversiering dienen. Eucalyptusblaadjes krullen tijdens het drogen speels om.

MATERIAAL

1 VERDEEL DE EUCALYPTUSBLADEREN, de skimmiatrossen en het katoenpluis in kleine groepjes.

2 MAAK DE HANGERS door katoenpluis en skimmiabessen op een dozijn eucalytusbladeren te plakken. Steek de bladeren op zilverdraad en rek de draad wat uit.

3 PRIK NU OM BEURTEN 8 à 10 eucalyptusbladeren en rode of witte parels op bloemdraad. Herhaal deze werkwijze voor het tweede snoer.

BELANGRIJK

De bevestiging van het siertouw aan het eucalyptussnoer vergt enige vaardigheid in het knopen. Camoufleer de knoop zorgvuldig met eucalyptusbladeren en let er daarbij op dat de bladeren niet kunnen opkrullen.

HANDIGE TIP

Neem voor dit natuurlijke sieraad bladeren van de Eucalyptus cinerea vanwege hun rijke kleurschakering.

- *Eucalyptus cinerea 'Autouno'*
- *Skimmia japonica 'Rubella'*
- *Gossypium*
- *spiraalvormig zilverdraad*
- *bloemdraad*
- *gevlochten siertouw (groen en bordeaux)*
- *witte en rode parels*
- *koudlijm*

4 LEG DE TWEE SNOEREN LANGS ELKAAR en knoop de uiteinden van het ene snoer aan het andere snoer. Laat enkele centimeters van de uiteinden vrij om straks het siertouw te kunnen vasthechten.

5 BUIG DE UITEINDEN VAN HET SNOER tot een kleine lus en hecht het siertouw vast. Verstevig het geheel met bloemdraad.

6 CAMOUFLEER DE AANHECHTINGSPUNTEN met eucalyptusbladeren die met een stipje lijm worden vastgezet.

7 HECHT DE HANGERS AAN HET SIERAAD. Verdeel ze over de twee snoeren en verstevig indien nodig met een stipje lijm.

HOORN DES OVERVLOEDS

Een vlechtwerk van bladeren als een hoorn des overvloeds met een onuitputtelijke rijkdom aan bloemen. Dit weelderige boeket in een natuurlijke verpakking is een ideaal geschenk.

AFMETING
50 x 30 x 25 cm

IDEAAL TIJDSTIP
ZOMER - HERFST

MOEILIJKHEIDSGRAAD
MOEILIJK

1 ZORG VOOR DE NODIGE WERKRUIMTE en leg 15 à 20 typhabladeren afwisselend met de punt en de voet van het blad verticaal naast elkaar. Zo liggen de brede basisdelen van de bladeren om en om naast de smalle toppen, waardoor de rechte vorm van het vlechtwerk tijdens het weven wordt behouden.

2 VLECHT EEN TYPHABLAD horizontaal door de verticale bladeren. Herhaal dit met de overige bladeren, en begin afwisselend op en onder het eerste verticale blad.

3 ROL HET VLECHTWERK OP. De breedste kant vormt de hoogte van de hoorn.

4 VERWERK DE NIET-GEVLOCHTEN, UITSTEKENDE BLADDELEN door het vlechtwerk. De bladeren die onderaan de hoorn uitsteken laat u zitten, de delen die bovenaan uitsteken knipt u met een scherp mes af.

MATERIAAL

- *5 à 6 Asclepias tuberosa*
- *5 à 6 Asparagus setaceus*
- *Limonium ferulaceum 'Karel de Groot'*
- *40 bladeren Typha angustifolia*
- *Tulipa-hybride*

5 LEG DE HOORN MET DE OPENING NAAR U GERICHT. Vul het vlechtwerk afwisselend met tulpen, asparagus, asclepias en limonium. Neem eerst de bloemen met de langste stengels en werk verder van groot naar klein, tot de hoorn rijkelijk gevuld is. Knip eventueel de stengels bij.

HANDIGE TIP

"Een puntje koudlijm houdt het eerste blad aan het begin en aan het einde van het vlechtwerk op zijn plaats. Dit maakt het vlechten gemakkelijker omdat men de volgende bladeren stevig kan aanduwen zonder dat de basis verschuift."

EINDELOOS BEGIN

Uit een elegante spiraal van wilgentakken spruiten bloemen en blaadjes. Deze originele en decoratieve structuur is de basis van een bloemstuk dat de overgang inluidt van herfst naar winter want deze Euphorbia fulgens-hybride bloeit van eind augustus tot begin januari.

AFMETING
60 x 25 x 25 cm

IDEAAL TIJDSTIP
WINTER

MOEILIJKHEIDSGRAAD
VEREIST ERVARING

1 **KNIP MET EEN SNOEISCHAAR** beide uiteinden van de wilgentakken netjes af. Rol de takken op tot cirkels met een doorsnede van 15 à 20 cm. Elke tak maakt een dubbele toer. Met behulp van wikkeldraad legt u de omtrek op 6 à 7 plaatsen vast, terwijl u de takken buigt.

2 **VERZAMEL DE CIRKELS EN HECHT ZE AAN ELKAAR.** In deze fase is het belangrijk dat u al een idee hebt van het beoogde resultaat want uit deze structuur steken straks stengels, bloemen en blaadjes naar buiten. De cirkels van de takkenspiraal mogen dus niet te dicht opeen zitten zodat de overige materialen voldoende ruimte krijgen.

3 **BEKLEED DE REAGEERBUISJES** met bruine of groene bladeren. Gebruik hierbij koudlijm.

4 **LEG DE SPIRAAL** met de kant die zichtbaar wordt naar u gekeerd. Bevestig de beklede buisjes met behulp van koperdraad aan de binnenkant van de spiraal. Schik de buisjes zodanig dat de klimop en de bloemstengels de indruk geven uit de wilgentakken te komen.

5 **STOP HET UITEINDE VAN DE KLIMOPRANK** in één van de buisjes en wind de rank rond de spiraal. Bevestig de tak met uiterst dun ijzer- of koperdraad.

6 **GA MET DE EUPHORBIA OP DEZELFDE MANIER TE WERK.** Deze takken volgen slechts één spiraal, van achter naar voor. Vul de buisjes met water.

7 **LIJM ROZENBLAADJES OP DE WILGENTAKKEN** en strooi de overige blaadjes vóór het bloemstuk.

M A T E R I A A L

- *1 à 2 takken Euphorbia fulgens-hybride*
- *1 à 2 takken Hedera helix ssp. helix (gewone klimop)*
- *20 à 25 verse twijgen (ongeveer 1 m lang) Salix viminalis (katwilg)*
- *10 gedroogde bladeren*
- *60 witte rozenblaadjes*
- *4 à 5 glazen reageerbuisjes*
- *wikkeldraad*
- *koperdraad*
- *koudlijm*

BELANGRIJK

Euphorbia's bevatten een melksap dat uit de takken loopt zodra deze worden afgeknipt. Om dit te voorkomen dompelt men het snijvlak van de plantenstengels direct in een kom met warm water.

OPGELET

Het melksap van de euphorbia kan de huid en de ogen irriteren. Was uw handen grondig na het hanteren van de takken.

GEOMETRIE IN DE RUIMTE

Strakke lijnen en een sober gebruik van natuurlijke materialen geven dit moderne bloemstuk een buitenaards accent. Men kan tal van varianten bedenken afhankelijk van het gebruikte materiaal. Het is van belang dat het materiaal droogt zonder bruin te verkleuren.

1 HALVEER EEN RECHTHOEKIG BLOK STEEKSCHUIM IN DE LENGTE. Snijd uit één blok een driehoek met een middellijn van 16 cm.

2 PRIK EEN BAMBOESTOK met dezelfde dikte als een lotusstengel door de bol en de driehoek van steekschuim. Duw de holle lotusstengels door het steekschuim maar voorkom dat het steekschuim de stengels opvult.

3 BEDEK HET STEEKSCHUIM met eucalyptus- en leucadendronbladeren. Hecht deze bladeren bovenaan met spelden en onderaan met lijm vast. Uiteraard moeten de spelden onzichtbaar blijven (of probeer ze zo onopvallend mogelijk tussen de bladeren aan te brengen).

4 SNIJD EEN VIERKANT uit het resterende blok steekschuim en prik gaatjes door het schuim voor de stengels van de zantedeschia. Camoufleer het steekschuim met bladeren en steek de bloemstengels op hun plaats.

5 VUL DE VAAS MET WATER tot op 2 à 3 cm van de rand en schik de drie vormen in de vaas. De zantedeschia komt in het midden, de lotusstengels aan de buitenkant van het bloemstuk.

BELANGRIJK

"Prik onderaan het blok steekschuim met zantedeschia gaatjes voor de stipabladeren (of een andere stevige grassoort). Deze bladeren ondersteunen het steekschuim want de stengels van de zantedeschia's zijn hiervoor te licht."

MATERIAAL

- *2 zaaddozen van Nelumbo nucifera (Indische lotusbloem)*
- *2 Zantedeschia hybride (aronskelk)*
- *Stipa gigantea (2 stukken van 35 cm)*
- *1 à 2 takken Eucalyptus populus*
- *1 à 2 takken Leucadendron argenteum*
- *1 à 2 takken Cordyline fruticosa hybride (met diverse kleuren)*
- *30 à 40 spelden*
- *koudlijm*
- *1 blok steekschuim van 20 x 8 x 8 cm*
- *1 bol steekschuim met een doorsnede van 9 cm*
- *1 rechthoekige vaas*

HANDIGE TIP

Lotusstengels dienen tot in het water te reiken om vocht op te nemen, het volstaat niet de stengels in het steekschuim te steken.

MOEILIJKHEIDSGRAAD
VEREIST ERVARING

IDEAAL TIJDSTIP
HET HELE JAAR DOOR

AFMETING
20 x 10 x 60 cm

AFMETING
20 x 20 x 70 cm

IDEAAL TIJDSTIP
HET HELE JAAR DOOR

MOEILIJKHEIDSGRAAD
VEREIST ERVARING

EEN MAND VOL BELOFTEN

Wanneer de lente in aantocht is, wil men armenvol gele bloesems in huis halen. Deze luchtige mand van berkentwijgen brengt een eerste oogst.

VERWIJDER, INDIEN NODIG, DE BLADEREN van de takken en de twijgen.

M A T E R I A A L

- *10 jonge twijgen Betula pendula (ruwe berk)*
- *5 Larix decidua (jonge takken van de Europese lork)*
- *3 Narcissus 'Tête-à-Tête' in de knop*
- *8 Ranunculus asiaticus (tuinranonkel)*
- *8 Gladiolus (bollen)*
- *Plagiothermum undulatum (mos)*
- *zilverdraad*
- *bloemdraad*
- *wikkeldraad*
- *1 bol steekschuim met een doorsnede van 9 cm*
- *10 steekbuisjes*
- *koudlijm*

2 HET FRAME VAN DE MAND wordt opgebouwd met de dikste takken (5 à 8 mm doorsnede). Vorm een cirkel met een doorsnede van 15 à 20 cm en verbind de takken met elkaar. Dit is de onderste draagcirkel van de mand.

3 GEBRUIK DAN DE DUNNERE TWIJGEN voor de zijwand van de mand. Hecht ze aan de onderste cirkel. Verstevig de wand met nog twee of drie cirkels. Vorm een smalle, hoge koker en maak er een hengsel aan vast. De mand heeft een totale hoogte van 60 à 70 cm.

BELANGRIJK

"De vervaardiging van de mand vergt engelengeduld. Het werkje kan gemakkelijk twee uur in beslag nemen."

4 KNIP BLOEMDRAAD in stukjes van 5 cm en vouw ze dubbel tot krammetjes.

5 HECHT HET MOS met behulp van deze krammetjes en koudlijm op het steekschuim. Neem de narcissen voorzichtig uit hun potje en plak mos op de bolletjes.

HANDIGE TIP

Knip het mos achteraf met een schaar bij. Dit verleent het bloemstuk een netter aanzicht.

6 STEEK NU EEN 15 CM LANGE BLOEMDRAAD in elke narcis en prik deze op de bol steekschuim. Schuif de bol voorzichtig in de mand.

7 **HECHT DE OVERIGE BOLLEN** van de gladiolen met zilverdraad rondom de mand vast. Deze bloembollen komen niet tot bloei; ze hebben uitsluitend een decoratieve waarde.

8 **BEKLEED DE STEEKBUISJES** met mos met behulp van zilverdraad. Bevestig de buisjes op verschillende hoogtes in de mand.

9 **VERWIJDER DE BLADEREN** van de ranonkels. Stop hun stengels tussen de takken van de mand, in de steekbuisjes. Knip de stengels afhanke-k van de hoogte van de steekbuisjes. Vul de buisjes met ɪhulp van een handige spuitfles.

ONDERGAANDE ZON

Een moderne compositie in groen en rood.
Voor een feestelijke gebeurtenis of als teken van liefde.

1 **LEG DE PLASTICFOLIE IN DE POT.** Knip de delen die boven de rand uitsteken zorgvuld weg.

2 **LAAT HET STEEKSCHUIM ZICH VOLZUIGEN MET WATER** en vul de pot erme op, tot 2 à 3 cm onder de rand. De plasticfolie moet hoger komen dan het steekschuim.

3 **PRIK 25 À 30 CM HOGE BUXUSTAKJES** in het steekschuim. Snijd de stengels schuin af. Snoei de buxustakjes in de gewenste vorm.

4 **PLAK DE TWEE BAMBOESTOKJES** met behulp van bloemistentape op de kartonnen schijf.

MATERIAAL

- *40 à 50 takjes Buxus sempervirens (buksboompje)*
- *2 Rosa (grote rode rozen)*
- *10 à 15 Rosa (de bloemblaadjes van rode rozen)*
- *1 vierkante aardewerken pot (20 cm zijkant)*
- *steekschuim*
- *plasticfolie*
- *1 kartonnen cirkel met een doorsnede van 18 cm*
- *2 bamboestokjes*
- *koudlijm*
- *bloemistentape*

MOEILIJKHEIDSGRAAD
EENVOUDIG

IDEAAL TIJDSTIP
HET HELE JAAR DOOR

AFMETING
20 x 20 x 55 cm

BELANGRIJK

"Behandel de delicate rozenblaadjes met zorg. Houd de rozen ondersteboven vast en trek de blaadjes schuin naar beneden van de bloemen af."

HANDIGE TIP

Plak de rozenblaadjes direct op het karton om te voorkomen dat de blaadjes gaan opkrullen tijdens het drogen waardoor het karton zichtbaar wordt.

5 **LIJM DE BLAADJES EN DE BLOEMBLAADJES** aan beide kanten van de schijf. Houd twee mooie rode rozen over.

6 **PRIK DE BAMBOESTOKJES** voorzichtig in het steekschuim tot de onderkant van de kartoncirkel de buxustakjes raakt. Eventueel kan men wachten met het opplakken van de bloemblaadjes op het bovenste deel tot de cirkel in het steekschuim staat.

7 **VERWIJDER DE BLAADJES** van de rozen en knip de stengels schuin af. Zet de rozen kaarsrecht in het steekschuim.

AFMETING
25 x 25 x 25 cm

IDEAAL TIJDSTIP
HET HELE JAAR DOOR

MOEILIJKHEIDSGRAAD
MOEILIJK

EEN KOM VOL GROEN

Dit originele en tegelijk decoratieve bloemstuk hoort op een sokkel om het geheel van alle kanten te kunnen bekijken. Er bestaan evenveel versies van dit bloemstuk als patronen: harten, sterren, een lus…

MATERIAAL

- *5 Anthurium andraeanum (lak-anthurium)*
- *20 à 25 bladeren Aspidistra elatior*
- *6 à 10 Rosa (rode rozen)*
- *koudlijm*
- *1 glazen kom met een doorsnede van 25 cm*

BELANGRIJK

"De groene ringen moeten soepel zijn om ze tegen de binnenkant van de glazen kom te kunnen lijmen. De bloembladeren van de anthurium kleuren zwart indien men er te lang met de vingers op duwt."

1 **LEG 5 À 6 ASPIDISTRABLADEREN** op een stuk karton of glas en halveer ze met een scherp mes in de lengte.

2 **ROL DEZE HELFTEN OP** en lijm ze vast zodat ze een 10 cm hoge koker vormen die de bolling aan de binnenkant van de vaas volgt. Plaats de koker in de vaas.

3 **SNIJD VIJF HELFTEN KRUISELINGS IN** en steek er een anthuriumstengel doorheen.

4 **BRENG DEZE BLADEREN HEEL VOORZICHTIG IN DE KOM** en schik de bloem tegen de wand. (De bloemaren zijn telkens naar binnen gericht.)

5 **DE STENGELS VAN DE BLOEMEN** mogen amper zichtbaar zijn. Stop daarom nog meer grotere en kleinere bladringen tegen de wand van de glazen kom.

6 **VORM EEN RING** waarvan de doorsnede overeenstemt met de hoogte van de kom min 2 à 3 cm. Hiervoor dient u 2 à 3 volledige bladeren te gebruiken.

7 **VUL DE KOM MET WATER** tot op 1 à 2 cm van de rand.

8 **VERWIJDER DE STENGEL** van een aspidistrablad en knip er de gewenste vorm uit het blad (hartje, ster...). Schik het blad in de kom zodat de uitsnijding aan de oppervlakte zichtbaar is.

9 **MAAK DE ROZENBLAADJES VOORZICHTIG LOS**, zonder ze te scheuren, en lijm ze rondom de uitsnijding van het aspidistrablad.

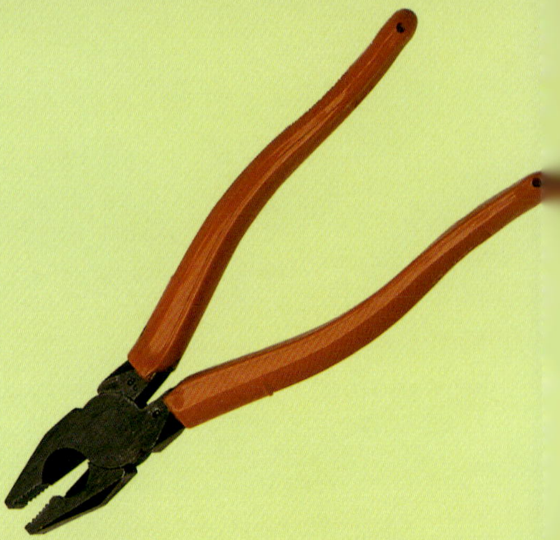

HET ATELIER

Bij de samenstelling van een bloemstuk beschikt een bloemist over een aanzienlijk arsenaal hulpmiddelen. De onmisbare snoeischaar en een scherp mesje liggen uiteraard binnen handbereik, maar ook diverse draden die de florale stukjes de nodige stevigheid verlenen. Naast het traditionele groene steekschuim gebruikt hij ook florapack, een zachte en kneedbare vochtabsorberende materie. Al deze materialen zijn meestal in de handel verkrijgbaar: hobbyzaken, warenhuizen, ijzerwinkels... Uw bloemist zal u ongetwijfeld het minder courante materiaal kunnen bezorgen.

Ongeacht dit scala van hulpmiddelen mag men niet vergeten dat een bloemstuk voornamelijk uit natuurlijke materialen bestaat die onverbiddelijk hun eisen stellen. Een bloem komt pas tot haar recht indien ze volop water kan opnemen. Het is noodzakelijk dat u de stengels van alle planten een stukje inkort voordat u ze in een bloemstuk verwerkt. Zachte plantenstengels snijdt u met een vlijmscherp mesje schuin af. Voor houtachtige gewassen gebruikt u een snoeischaar. Snijd de stengel recht af, maar knip hem enkele centimeters in.

DE DIVERSE SOORTEN TAPE hebben elk hun eigen toepassing: groene tape camoufleert het frame of zorgt voor een ruwere structuur en garandeert een betere hechting.

GROEN STEEKSCHUIM EN FLORAPACK zijn de basismaterialen van bijna elk bloemstuk. Het groene steekschuim laat u in een teiltje op het water drijven tot het doordrenkt is. Florapack wordt in het water met de handen tot een kneedbare massa verwerkt.

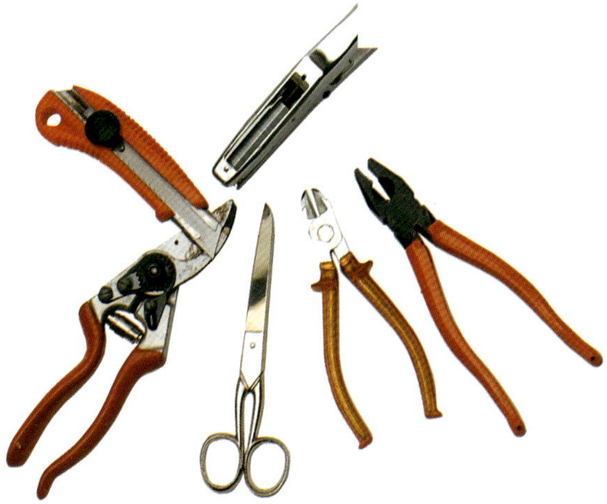

DE GEREEDSCHAPSKIST van een bloemist bevat het materiaal van een tuinman én van een technicus: een snoeischaar en een nietmachine, maar ook een tang en een schaar...

DIVERSE DIKTES bloemdraad, nietjes, spelden en krammen dienen om de onderdelen van een bloemstuk stevig vast te hechten. Krammen en insteekpinnen dienen voor het vastzetten van grote oppervlaktes, bijvoorbeeld van plastic en steekschuim.

EEN GAMMA AAN WIKKELDRAAD biedt een oplossing voor elk bloemstuk. Wikkeldraad dient om de diverse onderdelen van een bloemstuk samen te binden en is in meerdere diktes en verschillende duurzaamheid verkrijgbaar afhankelijk van het gebruik. Voor een decoratief effect verkiest u goud-, zilver- of koperdraad....

HENNEP EN RAFFIA worden meestal louter decoratief gebruikt. Koudlijm (beter bekend als bloemistenlijm) is een onmisbaar hulpmiddel bij elk bloemstuk; het is transparant en waterbestendig.

PLASTIC STEEKBUISJES, GLAZEN BUISJES OF ORCHIDEEËN-HOUDERS zijn kleine waterreservoirs die de traditionele vaas in een bloemstuk vervangen.

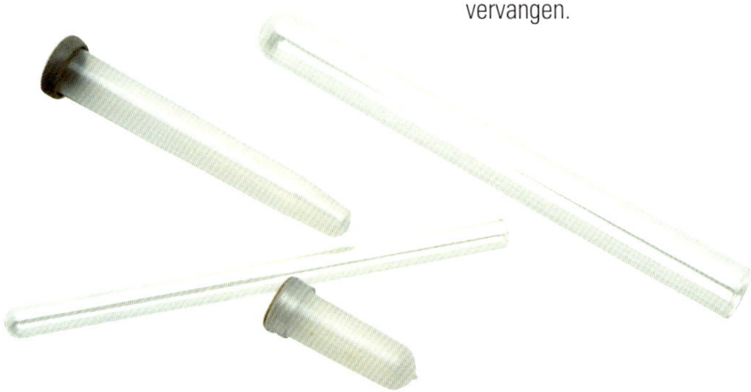

EEN HANDIGE WAS- OF SPUITFLES (te koop bij leveranciers van laboratoriumbenodigdheden) dient om deze buisjes te vullen.

INDEX LATIJNSE PLANTENNAMEN

Daniël Ost / Floreal / Onze-Lieve-Vrouwplein 26 / B-9100 Sint-Niklaas / T +32 [0]3 776 17 15 / F +32 [0]3 778 13 58